AF370293

VENTE

Du Mardi 15 Décembre 1874

HOTEL DROUOT, SALLE N° 5

OBJETS D'ART

DE CURIOSITÉ

ET

D'AMEUBLEMENT

EXPOSITIONS

PARTICULIÈRE	PUBLIQUE
Le Dimanche 13 Décembre 1874	Le Lundi 14 Décembre 1874

Mᵉ CHARLES OUDART	M. ÉMILE BARRE
COMMISSAIRE-PRISEUR	EXPERT

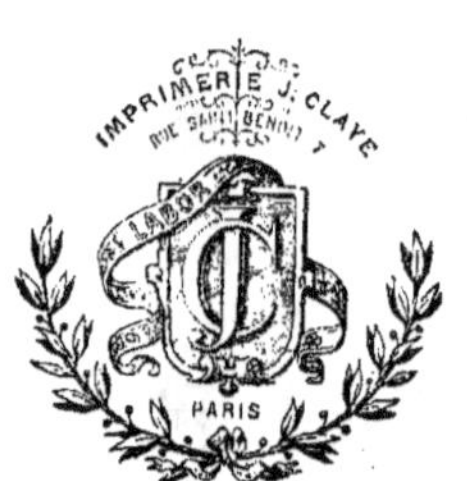

IMPRIMERIE J. CLAYE
RUE SAINT-BENOIT, 7
PARIS

CONDITIONS DE LA VENTE.

Elle sera faite au comptant.

Les acquéreurs payeront *cinq centimes par franc*, en sus des enchères, applicables aux frais.

L'Exposition mettant les Adjudicataires à même de se rendre compte de l'état et de la nature des objets, il ne sera admis aucune réclamation une fois l'adjudication prononcée.

CATALOGUE

D'UNE BELLE RÉUNION

D'OBJETS ANCIENS

D'AMEUBLEMENT

ET

DE CURIOSITÉ

MEUBLES DE SALON ET DE SALLE A MANGER

COUVERTS EN SOIE ET EN CUIR DE CORDOUE

DES ÉPOQUES LOUIS XIII ET LOUIS XIV

MEUBLES EN CHÊNE ET NOYER SCULPTÉ DES XVIe ET XVIIe SIÈCLES

COMMODES, VITRINES

TABLES EN BOIS DE ROSE ET MARQUETERIE

PENDULES EN BRONZE DES ÉPOQUES LOUIS XV ET LOUIS XVI

CANDÉLABRES, APPLIQUES, CHENETS, GROUPES ET STATUETTES

BUSTES, STATUETTES et VASES en MARBRE et TERRE CUITE

Par CARRIER-BELLEUSE et autres Artistes

FAÏENCES FRANÇAISES ET ITALIENNES

MINIATURES DES ÉPOQUES LOUIS XV ET LOUIS XVI

SUITE DE TAPISSERIES D'AUBUSSON, D'APRÈS HUET

dont la vente aura lieu

HOTEL DROUOT, SALLE No 5

Le Mardi 15 Décembre 1874, à 2 heures

Pour le Catalogue chez

Me CHARLES OUDART	M. ÉMILE BARRE
COMMISSAIRE-PRISEUR	EXPERT
31, rue Le Peletier, 31	20, rue de la Chaussée-d'Antin, 20

EXPOSITIONS

PARTICULIÈRE	PUBLIQUE
Le Dimanche 13 Décembre 1874	Le Lundi 14 Décembre 1874

DÉSIGNATION

OBJETS D'AMEUBLEMENT

1. — Meuble de salon *Louis XIV*, en chêne sculpté et couvert en soie jaune à fleurs, composé d'un canapé et de six fauteuils.

2. — Meuble de salle à manger, époque *Louis XIII*, en noyer sculpté et couvert en cuir de Cordoue, composé d'un canapé et de douze chaises.

3. — Meuble à deux corps, de la *Renaissance*, en noyer, à fronton architectural, orné de quatre panneaux finement sculptés. —

4. — Bahut également en noyer sculpté, orné de chimères et de cariatides ; travail du XVIᵉ siècle.

5. — Meuble *Louis XIII*, en noyer, à tiroirs, formant bibliothèque.

6. — Table en écaille et marqueterie de bois, style *Louis XIII*.

7. — Petit Guéridon, même style et même travail.

8. — Encoignure *Louis XV*, en bois de rose, ornée de bronzes.

9. — Meuble à deux vantaux en bois noir, orné de filets de cuivre et de bronzes; style *Louis XIV*.

10. — Deux Gaînes, même travail et même style.

11. — Petit Meuble à hauteur d'appui, en marqueterie de cuivre et d'écaille; dessus de marbre.

12. — Grand Cabinet italien *Louis XIII*, en écaille et ébène, à colonnes torses, orné de bronzes.

13. — Petite Table en bover sculpté, époque *Louis XIV*.

14. — Grande Chaise longue, en chêne sculpté, couverte en soierie, de l'époque *Louis XIV*.

15. — Petit Meuble d'entre-deux, en bois de violette et bois de rose, formant vitrine.

16. — Commode *Louis XVI*, en acajou, à colonnes détachées, ornée de bronzes.

17. — Autre Commode *Louis XVI*, en bois de rose marqueté.

18. — Meuble-vitrine *Louis XVI*, en bois de rose, orné de bronzes, avec dessus de marbre.

19. — Petite Bibliothèque formant bureau, en acajou, garnie de bronzes; style *Louis XVI*.

20. — Belle Console en acajou, à dessus de marbre et galerie, richement ornée de bronzes.

21. — Riche Console *Louis XV*, en bois sculpté et doré, à dessus de marbre.

BRONZES

22. — Belle Pendule *Louis XVI*, formée par un lion supportant le mouvement, avec figures d'Amour en bronze doré et base en marbre turquin.

23. — Paire de Candélabres formés par des enfants tenant deux lumières, également en bronze et marbre turquin.

24. — Charmante petite Pendule *Louis XVI*, à colonnettes en marbre blanc et bronze doré.

25. — Jolie paire de Candélabres formés par des vases contenant des roses et des œillets, à deux lumières, également en bronze doré et marbre.

26. — Petite Pendule en biscuit *Louis XVI*, avec groupe représentant une *Nymphe* et des *Amours*.

27. — Deux Flambeaux *Louis XVI*, en bronze doré, à cannelures.

28. — Deux autres Flambeaux *Louis XVI*, en bronze argenté.

29. — Beau Cartel *Louis XVI*, en bronze, orné de guirlandes de lauriers.

30. — Pendule *Louis XV*, en écaille marquetée et richement ornée, avec socle de bronze doré.

31. — Quatre charmantes petites Appliques de l'époque de *Louis XVI*, en bronze doré.

32. — Paire de Chenets style *Louis XV*, en bronze, formés par des tritons.

33. — Autre paire de Chenets *Louis XV*, en bronze à rinceaux et guirlandes.

34. — Grande Statuette en bronze florentin représentant la Parque.

35. — Autre Statuette en bronze *Louis XVI*, représentant *Mercure*.

36. — Buste de jeune fille en bronze, avec socle en marbre jaune de Sienne.

37. — Buste de jeune homme, pendant du précédent.

38. — Deux Appliques *Louis XIV*, en cuivre repoussé.

MARBRES ET TERRES CUITES

39. — Charmant Buste en marbre de jeune fille, *la Rêverie*, par Carrier-Belleuse.

40. — Autre joli Buste en marbre, *une Nymphe*, par Michelas.

41. — Autre Buste de Bacchant, formant pendant avec le précédent.

42. — Deux Vases en marbre, formés par des tritons assis sur des dauphins.

43. — Groupe de terre cuite, par Carrier-Belleuse : *la Saison des amours*.

44. — Autre Groupe en terre cuite, du même artiste : *l'Offrande au dieu Pan*.

45. — Buste en terre cuite : *Jeune Femme au diadème*, par Carrier-Belleuse.

46. — Autre Buste : *Jeune Fille couronnée de roses*, pendant du précédent, du même artiste.

47. — Deux charmantes Statuettes de femmes, représentant *la Moisson* et *la Vendange*.

Signé Roubaud (1860), élève de Pradier.

FAÏENCES FRANÇAISES ET ITALIENNES

PORCELAINES

48. — Grand et beau Plat en faïence de Palissy, avec poissons et reptiles.

49. — Belle Coupe d'accouchée, en ancienne faïence d'Urbino, avec figures dans l'ombilic et fresques sur le marly.

50. — Plat creux, ancienne faïence d'Urbino, représentant *Diane et ses nymphes surprises par Actéon.*

51. — Petit Plat de même fabrique, avec sujet de la fable.

52. — Coupe ronde, même fabrique, représentant *une Nymphe surprise par un satyre.*

53. — Grand et beau Plat d'ancienne fabrique de Castelli, représentant *la Reine de Saba et Salomon* (avec bordure en bois sculpté).

54. — Salière en faïence d'Urbino, formée par des chimères.

55. — Autre Salière, de même fabrique et de même forme.

56. — Grand Plat de Moustiers, avec double armoirie, décor bleu.

57. — Autre Plat de Moustiers armorié.

58. — Grand Plat de Rouen, décor bleu.

59. — Grand Plat long, en faïence de Marseille.

60. — Grand Plat italien avec figure de femme en costume du XVIe siècle.

MINIATURES

61. — Jolie Gouache sur vélin, de Boucher. Paysage orné de figures.

62. — Miniature du même artiste : *Le Jeune Berger*.

63. — Miniature sur ivoire, par Charlier : *La Sortie du bain*.

64. — Autre Miniature du même artiste : *Vénus et l'Amour sur un dauphin*.

65. — Miniature sur vélin, époque *Louis XVI : Les Petites Musiciennes*.

66. — Portrait de jeune femme, par Boilly.

67. — Portrait de Franklin, par Fragonard.

68. — Portrait d'une famille en costume *Louis XVI*, attribué à Dumont.

69. — Portrait de jeune dame et de son enfant (école anglaise).

70. — Portrait de la reine Élisabeth, par Olivez.

71. — Miniature de l'époque *Louis XVI : Jeune femme tenant des fleurs à la main*.

72. — Autre Miniature formant pendant.

OBJETS DIVERS

73. — Petit Portrait de Voltaire debout, par Rosset, en pierre du Jura. (Signé.)

74. — Deux jolies Jardinières octogones, en émail cloisonné de la Chine.

75. — Deux petits Vases également en émail cloisonné de la Chine, à fond violet et anses en bronze doré, formées par des têtes d'éléphant.

76. — Deux Seaux *Louis XVI*, à fond vert en vernis Martin, ornés chacun de doubles médaillons, d'après Oudry.

77. — Deux petits Vases, fond bleu décor de fleurs, en porcelaine de Sèvres dure, époque *Louis XVI*, avec monture en bronze doré.

78. — Deux Figurines de femme, en porcelaine du Japon.

TAPISSERIES

79. — Huit Panneaux et Portières en ancienne tapisserie d'Aubusson, représentant des scènes pastorales, d'après Huet.

80. — Dessus de porte, de la même série.

81. — Deux autres Panneaux, de même genre, formant
pendant.

82. — Grande Tapisserie de Beauvais, représentant un sujet
mythologique.

OBJETS NON CATALOGUÉS

83. — Faïence de Delft, Porcelaines de Chine et du Japon,
Laques, Verrerie de Venise, Porcelaines de
Saxe, etc.

PARIS. — J. CLAYE, IMPRIMEUR, 7, RUE SAINT-BENOIT   [2125]